童眼识天下 科普馆

NIAO LEI WANG GUO

鸟类王国

童心○编绘

化学工业出版社

·北京·

编绘人员：

王艳娥	王迎春	康翠苹	崔　颖	王晓楠	姜　茵
李佳兴	丁　雪	李春颖	董维维	陈国锐	寇乾坤
王　冰	张玲玮	盛利强	边　悦	王　岩	李　笪
张云廷	陈宇婧	宋焱煊	赵　航	于冬晴	杨利荣
张　灿	李文达	吴朋超	曲直好	付亚娟	陈雨溪
刘聪俐	陈　楠	滕程伟	高　鹏	虞佳鑫	

图书在版编目（CIP）数据

童眼识天下科普馆.鸟类王国 / 童心编绘 . —北京：化学工业出版社，2017.8（2025.1重印）
ISBN 978-7-122-30203-8

Ⅰ.①童… Ⅱ.①童… Ⅲ.①常识课 - 学前教育 - 教学参考资料 Ⅳ.①G613

中国版本图书馆 CIP 数据核字（2017）第 164578 号

项目策划：丁尚林　　　　　　　　　　　　　　责任校对：王　静
责任编辑：隋权玲　　　　　　　　　　　　　　封面设计：刘丽华

出版发行：化学工业出版社(北京市东城区青年湖南街13号　邮政编码100011)
印　　装：北京宝隆世纪印刷有限公司
889mm×1194mm　1/20　印张4　2025年1月北京第1版第12次印刷

购书咨询：010-64518888　　　　　　　售后服务：010-64518899
网　　址：http://www.cip.com.cn
凡购买本书，如有缺损质量问题，本社销售中心负责调换。

定　　价：19.80元

鸟在地球上出现的历史远比人类长得多。早在1亿多年前，鸟的身影就出现在地球上了。告诉你一个秘密：现在有证据表明，鸟是由恐龙演化来的，也许它们就是恐龙的后代呢。

鸟的世界精彩纷呈，热闹非凡。它们有的像苍鹰一样，是空中猎手；有的像鸿雁一样，是飞行专家；有的像百灵一样，是灵魂歌者；有的像天鹅一样，是优雅的化身……

提起鸟儿，你最先想到的词也许是飞翔。有的鸟飞行速度出众，比如游隼；有的鸟飞行方式独特，比如信天翁；有的鸟飞行技巧精湛，比如蜂鸟……但是，并不是所有的鸟都会飞，比如鸵鸟、食火鸡，它们更喜欢稳稳地站在地上。

鸟的世界非常有趣，如果你想了解的话，那就在《鸟类王国》一书的指引下，一起踏上妙趣横生的旅程吧！

目录
CONTENTS

46

10

28

14

清道夫秃鹫

在草原上，如果出现了一具动物尸体，过不了多久，许多大鸟就会闻讯赶来。它们在空中盘旋几圈，然后一拥而上享用美餐。这种大鸟就是秃鹫。

排队吃饭

秃鹫吃饭时会排好队，这可不是因为谦让。在秃鹫的世界中胜者为王，谁更强大，谁就能优先进餐。

其实是胆小鬼

秃鹫平时非常霸道，总是气势汹汹地和同伴争抢食物。但是如果凶猛的鬣狗来抢它的食物，秃鹫就会乖乖地退到一旁，等鬣狗吃完才敢上前。如果你见到这样的场景，一定会说："原来秃鹫是个胆小鬼！"

清洁，清洁！

当你知道了秃鹫喜欢吃腐尸这一习性，是不是认为它很不讲卫生？那你可冤枉它了！秃鹫吃完食物后，会吐出一种黏液洗刷双脚，这种黏液像消毒剂一样能杀死脚爪上的细菌。有秃鹫"清洁"草原上的腐肉，不仅能保持草原卫生，还能减少疾病的传播，所以秃鹫可以称得上是草原的"义务清洁工"呢！

勤劳的天气预报员——海鸥

小朋友，你知道吗？在海边，有这样一种鸟：不仅是称职的清洁工，还是负责的天气预报员，它就是海鸥。

仔细看看我

让我们来仔细观察一下海鸥：它姿态优美，而且总是将自己打扮得干净利落，白色的羽毛干净得像雪一样，暗色的羽毛点缀其间，为它增色不少。而且，海鸥羽毛的颜色还会随着年龄增长和季节交替而变化哟。

我能预测天气！

　　海鸥是怎么预测天气的呢？我们一起来看一看：当它贴着海面飞行的时候，预示着这天会是一个好天气；当它在海边徘徊的时候，这就意味着天气即将转坏；如果发现成群的海鸥都飞向海边，或者聚集在沙滩和岩石上，那你可要做好准备了，因为这预示着暴风雨就要来临了。

海上清洁工

　　海鸥喜欢吃鱼、虾、蟹和贝类，但是它一点儿也不挑食，如果发现岸边或者船上有人们遗撒的食物，海鸥也会拣起来吃掉，正因为这样，它得到了"海上清洁工"的称号。

大飞行家——信天翁

信天翁是鸟类家族中著名的大飞行家，它总是展开双翼，在海洋上空滑翔。现在就让我们来认识一下这位"长翼天使"吧！

长寿鸟

信天翁的寿命很长，平均能活到五六十岁。最著名的一只信天翁，名字叫"智慧"，它在 60 多岁的时候还能产卵，并孵化出了小信天翁呢！

惊人的翼展

信天翁的翼展很长，其中漂泊信天翁的翼展是已知鸟类中最长的，翅膀展开后，长度可以达到 3.7 米！

擅长滑翔

信天翁拥有极高的飞行技巧，是著名的滑翔高手。它有一个非凡的本领，那就是可以充分利用海洋气流的变化，完美地驾驭海风，就算不扇动翅膀，也能在空中停留好几个小时。信天翁这么厉害，怪不得被称为世界上效率最高的"滑翔机"呢！

小信天翁出生了！

繁殖的季节到了，信天翁妈妈产下了一枚卵，它会和伴侣一起将自己的小宝宝孵化出来。经过两个多月的孵化，小信天翁终于出生了！小家伙的身上长着淡淡的绒毛，真可爱！不过，四十几天之后，爸爸妈妈就会离开它了，小家伙只能依靠自己体内的脂肪继续生存下去。别担心，再等大半年的时间，小信天翁就能乘风起飞，飞向广阔的大海！

"森林医生"啄木鸟

"笃，笃，笃……"咦，这是什么声音？原来是啄木鸟在给大树看病呢！啄木鸟可是一位非常负责的"森林医生"。

害虫克星

啄木鸟之所以能成为"森林医生"，离不开它"治病"的工具——又长又尖又硬的嘴巴。啄木鸟的嘴可厉害了，不仅能把树皮啄开，还能一直插进坚硬的树干内部。它的舌头也很有本事，上面长着很多倒刺，还布满了一层黏液，而且很柔软，能伸到虫洞深处，将藏起来的害虫和虫卵一网打尽。

敲敲敲！敲出蛀虫来！

啄木鸟在捕害虫的时候，常常用嘴敲击树木，其实这是一种战术，敲击时发出的声音就像击鼓声，这让藏在树干深处的害虫感到非常恐惧，于是，赶紧向外逃，而啄木鸟早就守候在出口，等它们送上门呢。

不怕脑震荡

你可能会为啄木鸟担心：它在敲击树木的时候，脑袋一定也会受到非常强烈的震动，时间一长，会不会得脑震荡呀？小朋友们完全可以放心，啄木鸟的头部结构非常特殊，相当于安装着一个防震、消震的装置，所以它完全不会出现头痛或者脑震荡的反应。

高贵优雅的天鹅

谁是鸟类家族中最高贵优雅的成员呢？天鹅一定是其中的佼佼者。天鹅不仅是体态优美的高贵鸟，还有其他有趣的小秘密，我们快来一起看看吧！

优雅的化身

天鹅的颈部非常修长，能占到身体长度的一半，而且有一个自然弯曲的弧度，看上去非常优美。不仅如此，它还穿着一件纯白的外衣，那是它的羽毛。天鹅的羽毛不仅洁白美丽，而且数量非常多，超过 25000 根，是游禽中羽毛最多的成员。

飞得高

天鹅的身体有些重，所以在起飞的时候需要助跑，用力拍打翅膀，脚还要不断划水，来帮助起飞。不过，可别小看天鹅，它能飞得很高，飞行高度能达到 9 千米，就连地球的最高峰——珠穆朗玛峰，它也能轻松飞越，真是当之无愧的飞高冠军呀！

忠诚的伴侣

我们经常能看到两只天鹅将头靠在一起，或者相互触碰嘴部，那是它们在表达自己对对方的爱意。不仅如此，它们还会相互梳理羽毛，真是体贴极了！如果两只天鹅结成了夫妻，它们就会终生生活在一起，即使其中一只死亡，另一只也不会再去寻找新的伴侣了。

聪明凶悍的乌鸦

大家一定都听过"乌鸦喝水"的故事吧！在故事里，乌鸦凭借智慧，巧妙地运用小石子，让自己喝到了水，乌鸦真是太聪明了！不过也有人不喜欢乌鸦，这是怎么回事呢？

不太受欢迎

乌鸦的模样不太讨人喜欢，它的羽毛基本都是乌黑色的，乌鸦也因此而得名。不仅如此，它的叫声嘶哑粗厉，听起来特别难听。更重要的是，乌鸦的性格凶悍，非常有侵略性，常常抢夺或者偷走其他鸟儿的蛋，然后无情地吃掉。

友善的伙伴

我们都听过"乌鸦反哺"这句话，说的是小乌鸦长大后，为了报答父母的养育之恩，会照顾自己的爸爸妈妈。这个事情虽然没有科学依据，但是乌鸦对待同类却是非常友善的，它们喜欢分享，而且会经常给伙伴赠送礼物。

会使用计谋

乌鸦非常聪明，善于使用计谋。当遇到危险，却来不及逃跑的时候，它会装出一种中毒死亡的假象，敌人看到猎物变成了这个样子，只能放弃捕食，无奈地离开。就这样，乌鸦凭借智慧，让自己脱险了。

不会飞的奔跑达人——鸵鸟

我们都知道，会飞是鸟类家族独特的本领，可是你知道吗？有一种鸟，它不会飞，却特别擅长奔跑，这种鸟的名字叫作鸵鸟。

奔跑！奔跑！

鸵鸟的体形巨大，虽然不会飞，不过，幸运的是，它却是跑步健将。瞧，鸵鸟奔跑的时候，速度最快能达到每小时 90 千米。如果要是举办沙漠赛跑的话，鸵鸟肯定能跑在前面。

我不是胆小鬼

　　鸵鸟常常将脖子贴在地面上，这可不是因为它胆小，而是有其他原因。原来呀，将脖子贴近地面，能够让鸵鸟听到远处的声音，如果有危险，它就能提早躲开；其次，这样做还能放松脖子的肌肉；最重要的是，这样做还能伪装，如果鸵鸟将身体蜷曲成一团，它暗褐色的羽毛看起来就像是石头或者灌木丛，敌人就没那么容易发现它了！

看看我的奔跑装备

　　鸵鸟是名副其实的"大长腿"，而且它的双腿非常强壮有力，能快速跑起来，还能作为攻击的武器，向前踢打。不仅如此，非洲鸵鸟还是世界上唯一有两个脚趾的鸟，它的外脚趾较小，内脚趾却特别发达，而且脚掌很厚，非常适合在沙漠里奔跑。

夜行者猫头鹰

猫头鹰和一般鸟儿的作息时间不太一样，当别的鸟儿叽叽喳喳活跃的时候，它却在休息；等大家都进入梦乡的时候，猫头鹰却精神百倍地开始活动了，真是一种奇怪的鸟！

看我像猫吗？

猫头鹰的眼睛四周有一圈羽毛，排列出来的形状和猫脸非常像，所以，它就有了这样一个名字——"猫头鹰"。

猫头鹰身上的奇特之处还真不少呢！它非常警觉，总是提防敌人来攻击，所以即使是睡觉的时候，猫头鹰也只会闭上一只眼睛，让另一只眼睛睁着"放哨"。另外，它的眼睛是固定在眼窝里的，不能转动，所以，猫头鹰要想看到周围的事物，就只能转动自己的脑袋了。

我是色盲

猫头鹰的视力非常敏锐，即使是在漆黑的夜里，它也能捕捉到猎物的一举一动。不过，让人惋惜的是，猫头鹰是色盲，不能辨认颜色。

吐食丸

猫头鹰最主要的猎物是田鼠，当然，小鸟和一些昆虫也能成为它口中的美味。猫头鹰抓到猎物后，会一口将猎物整个吞进去。不用担心它会消化不良，那些不能被消化的骨骼、羽毛、毛发等残渣会聚集成一团，被猫头鹰吐出来，我们将这个过程叫作"吐食丸"。

和平使者——鸽子

鸽子在我们的生活中很常见，它性情温顺，特别受大家欢迎。快来多多了解一下鸽子，并和它交朋友吧！

它竟然吃石子！

鸽子会吃石子，这是怎么回事？难道是鸽子没有食物，要拿石子充饥吗？当然不是这样，鸽子吃石子是为了帮助消化呢。看，鸽子没有牙齿，它吃下的食物经过食道直接就来到胃里。而吃下的这些小石子，能在胃里和食物相互摩擦，慢慢把食物磨碎，让鸽子最终能将食物消化。

家的眷恋

鸽子会把出生的地方当作自己的家，并且对那里有一种深深的眷恋。另外，鸽子有一种神奇的导航能力，它无论离家多远，都能找到回去的路！

飞行高手

鸽子非常善于飞行，它的翅膀长，而且拥有强健的飞行肌肉，这让它成为了飞行高手。也正是因为这样，在古代，人们常用鸽子传递信息。

超强的记忆力

鸽子的记忆力很好，它能记住 725 种不同的视觉模式，而且还能够区分人造的物体和自然的物体呢！

凶猛的"白发将军"——白头海雕

小朋友，你知道美国的国鸟是谁吗？它的名字叫白头海雕，它因为头部是白色的而得名。

高超的飞行能力

白头海雕的飞行能力非常出众，它尤其擅长滑翔，速度能够达到每小时 70 千米，就算是抓着鱼飞行，它的速度仍然能达到每小时 48 千米哟。

捕鱼达人

白头海雕的嘴是钩形的，非常尖锐有力，只要朝目标猛啄几下，猎物就会失去抵抗的能力，随后，这张利嘴就将猎物撕成小块，全部吞进肚里。不仅如此，那利爪也是非常厉害的武器。当白头海雕捕食猎物的时候，向内弯曲的利爪会深深插入猎物体内，让猎物无法逃脱，只能成为白头海雕的腹中美味。

眼部保护装备

　　作为威猛的"将军"，白头海雕的战斗装备可是相当完善，就拿眼部来说吧，白头海雕的眼睛长着一层特殊的眼睑，叫作"瞬膜"。瞬膜能让白头海雕的眼睛保持湿润，还能遮挡风沙和强烈的阳光。

世界上最小的鸟——蜂鸟

谁是世界上最小的鸟？答案就是美丽的蜂鸟。蜂鸟有着娇小的身躯和鲜艳的羽毛。除此之外，它还有很多本事呢，一起来瞧瞧吧！

我们很小巧

蜂鸟是世界上最小的鸟，当然，它的蛋也特别小——蜂鸟蛋是世界上最小的鸟蛋，只有一粒豌豆那么大。蜂鸟的羽毛也很少，只有不到 1000 根。蜂鸟的羽毛尽管少，但颜色却非常鲜艳，并且还闪耀着金属般的光泽。

娇小的大胃王

蜂鸟主要采食花蜜。它的个子小，胃口可不小，每天要吃掉 2 倍于自己体重的花蜜。为了填饱肚子，蜂鸟一天需要找到上千朵花。

飞行绝技

别看蜂鸟很小，但是它却有着强健的肌肉，还有一双像桨一样的长翅膀，不但能够上下垂直起落飞行，还能倒着飞，更厉害的是，蜂鸟还能在空中静止呢！

鲜艳的捕鱼达人——翠鸟

翠鸟长得可真漂亮呀！它背部和面部的羽毛都是翠蓝色的，还散发着闪亮的光泽，真是不辜负"翠鸟"这个名字啊。

水面上的快飞鸟

翠鸟非常擅长低空飞行，它在水面搜寻猎物的时候，会紧贴着水面做直线飞行。翠鸟飞得很快，速度接近每小时 100 千米。

抓鱼表演

翠鸟平时的食物以小鱼为主，它的捕鱼本领很强。瞧，一只翠鸟正栖息在水边，它在等待捕食的时机。突然，它发现了猎物的身影，于是立刻张开翅膀，贴近水面飞行，然后趁着鱼儿不注意，一头扎进水里。别担心，就算是在水里，翠鸟的视力也很好，所以，我们还没来得及眨眼，它就已经将鱼抓住啦！

叫声怪怪的

你听过翠鸟的叫声吗？当紧贴着水面飞行的时候，它会发出"唧——唧——唧——"的声音，听起来有些刺耳，和它美丽的外表不大相称。

好斗的林中歌唱家——画眉

在鸟类中，画眉是个大家族。它们个头中等，善鸣好斗，世界各地的森林、农场都能看到它们的踪影。

我的"眉毛"好看吗？

画眉鸟长得非常有特点。瞧，它的眼圈是白色的，而且眼睛上面的白色窄线向后延长，看上去就像是画了一道眉毛。就是因为这样，才有了"画眉"这样一个名字吧。

短暂的家庭生活

画眉的小家庭组成后，就会寻找合适的地方筑巢。画眉的巢一般会筑在茂密的草丛或灌木丛中，用枯草的叶、茎和嫩枝等编织而成。筑巢结束后，画眉的主要工作就是繁育后代了，画眉妈妈负责孵化鸟蛋，画眉爸爸则在周围警戒。不久之后，画眉宝宝就能破壳出生了。

好战分子

　　画眉鸟天生就喜欢打斗，它们用嘴去啄对方，还会用爪子抓，真是不好惹。尤其是在繁殖的季节，假如两只雄性画眉鸟同时喜欢上了一只雌性画眉鸟，那两个竞争者之间就会有一场恶战，只有胜利者才能赢得雌画眉的青睐。

31

羽毛泛红的火烈鸟

远远看去，火烈鸟就像是一团燃烧着的烈火，它也因此而得名。其实，关于火烈鸟美丽的羽毛，还有一个小秘密呢！

会过滤的嘴巴

火烈鸟寻找食物的时候，会将头浸到水里，然后让嘴倒转过来，将水中流淌着的小虾等食物全都吸进嘴里。更巧妙的是，火烈鸟可以将多余的水和泥沙渣滓全都过滤出去，只把能吃的食物留在嘴里。

我们爱群居

火烈鸟的羽毛颜色鲜艳热烈，但它的性格可不这样，相反，这是一种非常怯懦的鸟儿。所以，它比较依赖群居生活，经常有上万只火烈鸟聚在一起生活。

羽毛泛红的秘密

火烈鸟的羽毛洁白中泛着红色，可是它刚出生时，羽毛其实是纯白色或者灰色的，这是怎么回事呀？原来，火烈鸟的食物主要是小虾、小鱼、藻类和浮游生物，而这些食物中都含有一种色素——虾青素。虾青素能让生物的外表呈现红色，随着火烈鸟体内的虾青素越来越多，它的羽毛就泛着红色了。

会学说话的鹦鹉

鹦鹉不仅拥有鲜艳的羽毛，而且还会模仿人类说话、唱歌呢，这可真神奇！想知道鹦鹉会说话的秘密吗？一起去了解一下吧。

说话的秘密

鹦鹉的舌头又细又长，而且相当灵活。不仅如此，鹦鹉的发声器官——鸣管，和人类的声带构造也很像，其中还长着特殊的发达肌肉。就是这些生理上的优势，让鹦鹉可以发出准确而又清晰的音调。

学习的力量

除了能发出类似人的声音，鹦鹉还具有非常高的模仿能力和记忆能力，所以，它才能学人说话甚至唱歌。

怎么吃东西？

鹦鹉的脚有四根脚趾，其中两个向前，另外两个向后，非常适合抓握，我们将这种脚的类型叫作对趾型足。鹦鹉吃东西的时候才有意思呢，它们常常会用一只脚来帮忙，像手一样握着食物，然后塞进钩子似的嘴里。

活泼聪明的麻雀

麻雀是我们很熟悉的鸟儿，别看模样不起眼，其实它们特别团结，而且活泼友善、聪明有趣。

和人类很亲近？

麻雀在我们的生活中很常见。这是一群非常活泼的鸟儿，它们和人类非常亲近，经常在我们居住的地方活动，还会在屋檐下筑巢呢。

大家在一起

　　麻雀喜欢群居生活。在秋天，我们甚至能看到它们组成上千只的大群；而到了冬天，它们会将圈子缩小，变成十几只的小群。群居生活的好处有很多，其中之一就是能够共御外敌：当有入侵者袭击它们时，麻雀会表现得非常团结，同心协力地把敌人赶走。

麻雀不怕电？

　　我们常常看到麻雀站在电线上，哎呀，它们的胆子也太大了，难道不怕被电到吗？这样的担心是多余的，其实麻雀的两只脚是站在同一根电线上，电流不会在体内形成回路。因此，麻雀就不会被电到了。

自私的"森林卫士"——杜鹃鸟

有一种花儿叫杜鹃。你知道吗？有一种鸟也叫杜鹃。它们栖息在植被茂密的地方，也许你更熟悉它们的另一个名字——布谷鸟。

"布谷！布谷！"声声叫

你听过杜鹃鸟的叫声吗？如果仔细听一听，就会发现杜鹃鸟的叫声是"布谷！布谷！"，所以杜鹃鸟也叫"布谷鸟"。

自私的杜鹃鸟妈妈

　　杜鹃鸟妈妈有一个很不好的习惯，它会把蛋产到其他鸟的巢里。杜鹃小宝宝会比其他鸟类的宝宝早出生，它只要一出生就会把其他鸟蛋推出鸟巢。小杜鹃鸟的"养父母"任劳任怨地照顾宝宝，但是它们却不知道那其实不是自己的孩子。

消灭害虫

　　杜鹃鸟能够消灭很多害虫，所以，它们一直都有"森林卫士"的美称。而"卫士们"最喜欢的食物就是松毛虫，那可是松树的头号敌人。有了杜鹃鸟的帮忙，松树的健康就多了一重保障。

湿地之神——丹顶鹤

丹顶鹤是非常珍贵的鸟儿，它是我国一级保护动物，生活在沼泽湿地，还有"湿地之神"的称号呢。

我们换羽毛啦！

鸟儿们会定期更换身上的羽毛，这种行为叫作"换羽"。丹顶鹤每年要经历两次换羽，春天新长出来的羽毛叫夏羽，秋天更换的羽毛叫作冬羽。换羽时，丹顶鹤会暂时失去飞行能力。为了防止敌人在这个时候偷袭，丹顶鹤会躲进芦苇沼泽地里，大约一个半月之后，才能重新飞向天空。

迁徙喽！

丹顶鹤每年都会成群结队地一起迁徙。春天到了，它们会飞向繁殖地，在这里，它们建造巢穴，并和伴侣生下小宝宝；到了秋天，丹顶鹤会向南迁徙，飞向越冬的地方。在迁徙的时候，丹顶鹤还会排成"V"字队形呢。

我的叫声不一样

丹顶鹤的叫声高亢洪亮，非常独特。而这离不开它特殊的发声器官。丹顶鹤的脖子很长，它的发声器官——鸣管也很长，差不多有人类气管的五六倍呢，而且在发声时还能引起强烈的共鸣，声音传到几千米外都不是问题。

丹顶鹤在追求异性时，除了会用嘹亮的歌声吸引对方，还会展示自己的舞姿呢，它们不仅能在空中跳跃，还能做展开翅膀、屈膝、仰头、原地踏步等舞蹈动作，真是优美极了！

单腿站着睡觉

瞧，这只丹顶鹤可真奇怪，它只用一条腿站着，却把另一条腿收回到了自己的翅膀下面，这是怎么回事？难道它在表演杂技？嘘，丹顶鹤可没那么调皮，它正在睡觉呢。

好处多多

为什么丹顶鹤睡觉时要单腿站着呢？原来，在野外的生活中，丹顶鹤会遇到很多危险，如果躺下睡觉，就不能很快逃跑。单腿站着睡觉，丹顶鹤不仅能更容易发现远处的敌人，而且只要在原地拍拍翅膀，就能飞上天去。

不仅如此，对丹顶鹤来说，单腿站立还能减少能量消耗，一条腿累了换另一条腿，始终有一条腿能收到翅膀下休息。

爱抢劫的飞行高手——军舰鸟

谁是鸟类中的飞行冠军？军舰鸟一定是最佳候选人之一。不过，你知道吗？很多鸟儿都不喜欢军舰鸟，这是怎么回事呀？我们一起看一看！

快看我！

军舰鸟都长着一个喉囊，这可是雄性军舰鸟求爱的法宝。它们会拼命鼓起鲜红色的喉囊，让喉囊膨胀得大大的，就像脖子上挂了一个红气球，雄性军舰鸟就是用它来吸引雌鸟注意的。

我擅长飞翔！

军舰鸟的翅膀很长，展开的时候能达到两米呢，而且它们的胸肌发达，所以非常擅长飞翔。当军舰鸟捕食时，最快的飞行速度竟然能达到每小时 418 千米，怪不得人们经常用"快如闪电"来形容它们了！

无奈的强盗鸟

军舰鸟很少亲自捕食，大多数时候，它们都是从别的鸟儿那里抢夺食物。不过，我们也不能责怪军舰鸟，它们也有自己的苦衷：军舰鸟的羽毛上没有油脂，不能沾水，否则它们就会被淹死。

天堂来客——极乐鸟

很多鸟儿都有着美丽的羽毛，不过如果有人问谁的羽毛最漂亮，那就不得不提极乐鸟了。如果你亲眼见过，一定会被它五彩斑斓的羽毛吸引。

我也叫天堂鸟

极乐鸟还有一个名字，叫作"天堂鸟"，因为它那一身艳丽的羽毛实在太漂亮了，人们觉得只有从天堂来的鸟儿才能拥有这样耀眼的羽毛，所以就给它起了这样一个名字。

还会模仿

极乐鸟长相漂亮，叫声却没那么动听。不过，它们可以模仿很多不同的声音：猫叫、牛叫、冲锋号声、掌声、敲门声，甚至木柴燃烧爆裂时发出的"噼啪"声。

热爱表演

　　繁殖的季节到了，又到了雄性极乐鸟进行表演的时候。它们会先在树林中选出一片空地，然后将全身的羽毛都蓬起来，开始跳跃、旋转。它们通过炫耀自己亮丽的羽毛，来吸引雌性极乐鸟的目光。

机警敏锐的苍鹰

苍鹰有着敏锐的视觉、锋利的爪子和灵活快速的飞行能力，是森林中有名的猎手。

锐利的双眼

苍鹰的视力非常好，就算是在几千米以上的高空，它也能清楚地看到地上的猎物。在森林中捕食的时候，猎物任何微小的举动都逃不过苍鹰锐利的双眼。

可怕的利爪

　　苍鹰捕食的特点是猛、准、狠、快，除了高超的飞行技巧，它锋利的爪子也是非常厉害的武器。当苍鹰伸出爪子袭击猎物时，速度竟然能达到每秒 22.5 米，鼠类、野兔和其他中小型鸟儿都逃不过苍鹰的利爪。

爱隐藏的飞行家

　　苍鹰在空中翱翔的样子真是神气极了。不过更多的时候，它都会藏起来，悄悄窥视地面上的猎物，一旦有所发现，它才会现身。苍鹰不仅飞得快，而且非常灵活，能够在树丛中或上或下，或高或低，自由穿梭行动。

飞行迅速的游隼

游隼的分布范围非常广泛，几乎在世界各地都能看到它们的身影。不过，也许大家对游隼比较陌生，其实它们的本事可不小呢，快来一起瞧瞧吧！

斯文的捕食者

游隼非常讲究用餐环境，它们会将到手的猎物带到一个比较隐蔽的地方，不仅如此，在进餐之前，游隼还会先用嘴把猎物的毛剥除干净，然后再撕成小块，慢慢吞食。

凶猛的独行侠

　　游隼是独行侠，经常独自行动，而且它们的性情非常凶猛，即使遇到了比自己体形大很多的金雕、矛隼，它们也敢进行攻击，丝毫不会退却。

捕猎行动开始啦！

　　游隼大多数时候都在空中飞翔，它们可不是在欣赏风景，而是在寻找猎物呢。发现猎物后，游隼会快速飞上高空，朝着猎物的方向全力俯冲下去。接近猎物后，它们会用锐利的嘴咬对方，还会用脚击打，猎物会因为受伤而失去反抗能力，最终成为游隼口中的食物。

"田野卫士" ——喜鹊

在中国，喜鹊象征着吉祥，人们都认为喜鹊是能够"报喜"，也就是带来好消息的鸟儿。现在就让我们一起近距离了解一下喜鹊吧！

"田野卫士"

喜鹊是大名鼎鼎的"田野卫士"，它们会成群结队地飞到田野里，在农田和草叶间捕捉害虫。可别小看它们，喜鹊每年都会吃掉很多蝗虫和蝼蛄、夜蛾这样的害虫，为保卫庄稼做出了很大的贡献。

可爱的小精灵

　　喜鹊的羽毛主要有两种颜色：黑色和白色，它们的头部、颈部、背部一直到尾巴都是黑色的，而腹部则是一片白色。不过仔细看一看，你就会发现，喜鹊的羽毛还闪耀着紫色、绿蓝色、绿色等光泽，非常漂亮。

蚂蚁为我洗澡

　　喜鹊是怎么洗澡的呢？你一定想不到，小小的蚂蚁会来帮大忙。喜鹊想要洗澡的时候，就会让蚂蚁爬到它的羽毛中去，把自己身上的寄生虫都清除干净。经过"蚂蚁浴"之后，喜鹊的羽毛会变得更加光滑、坚韧，非常有利于飞行。

飞禽中的"巨人"——安第斯神鹫

安第斯神鹫是飞行鸟类中的"巨人"，不过尽管拥有庞大的身躯，它们却不会攻击活着的动物，而是以动物的尸体为食。

飞禽中的大块头

安第斯神鹫个头很大，它们如果把两个翅膀都打开，能超过 3 米长呢。它们平时栖息在高高的岩壁上，视野开阔的山区是安第斯神鹫的最爱，因为这样比较方便它们寻找食物——动物的尸体。

贪吃的鸟

安第斯神鹫从不挑食，任何动物的尸体都能成为它们口中的美味，不仅如此，它们还特别贪吃，不把眼前的尸体吃完，是不会离开的。这些贪吃的家伙常常因为吃得太饱，而不得不飞到悬崖上去休息。

爪子和嘴

安第斯神鹫的爪子很特别，长得很直，但是并不锋利，所以更适合在陆地上行走，很少作为武器使用。不过，它们的嘴却是弯曲的，可以轻松地将动物尸体上的腐肉撕下来。

会潜水的黑喉潜鸟

我们都知道鸟儿会飞，可是你知道吗？有一些鸟儿还会潜水呢！黑喉潜鸟就是其中之一。

潜水能手

黑喉潜鸟具有非常出色的潜水能力，一次潜入水中的时间能超过一分钟呢。它们主要通过潜水来寻找食物，并能够充分利用自己身体的颜色进行隐藏。因此，黑喉潜鸟获得了"聪明的水下猎手"的称号。

飞行有限制

黑喉潜鸟非常善于飞行，它们拥有一双非常有力的翅膀。不过，可惜的是，它们在飞行时不能调整速度，只能一直匀速前进。而且，它们要想成功飞起来，还需要助跑才行。所以，别看黑喉潜鸟在天空飞翔的时候很神气，其实它们飞翔也不容易呢。

小家伙，一起飞！

黑喉潜鸟的巢搭建在靠近水边的草丛里，这个巢真是太简陋了，是用枯草随意堆积起来的。不过，黑喉潜鸟不会在意这么多，它们最关注的是自己的宝宝什么时候出生。经过一个月左右的等待，小家伙终于和爸爸妈妈见面了，再过一阵子，它就能在爸爸妈妈的带领下飞向蓝天了。

甜美的歌者——百灵鸟

鸟类家族中会唱歌的高手可真不少，百灵鸟就是其中之一，它们清脆动听的歌声总是能打动听众。

从草原来

百灵鸟是草原的代表鸟类，可以称得上是草原的"代言人"了。在广阔的草原上，我们经常能看到一边翱翔一边歌唱的百灵鸟。

益鸟

百灵鸟一点儿也不挑食，对食物没什么要求，一些幼嫩的草芽、草籽和昆虫就能填饱它们的肚子。百灵鸟不会破坏农作物，相反，在夏天的时候，它们会捕捉虫子来喂养自己的孩子。所以，百灵鸟也是能够保护庄稼的益鸟。

头上有桂冠

有些百灵鸟的头上长着一个非常漂亮的羽冠，看上去就像是一顶桂冠。当它们顶着羽冠在高空飞行的时候，那姿态真是好看得不得了。

成群迁徙的鸿雁

鸿雁有迁徙的习惯，它们总是在春天和秋天进行长途旅行。瞧，它们又要启程了！

集体迁徙

　　鸿雁喜欢集体生活，经常成群活动。每到迁徙季节，常常能看到成百上千只鸿雁组成的群族在天空飞过。飞行时，鸿雁的脖子会向前伸直，脚贴着腹部，而且会排列成整齐的队伍，有时是"一"字形，有时是"人"字形。

警觉

　　鸿雁的警惕性很高，行动的时候总是小心谨慎。它们休息时，总是会安排几只鸿雁作为"哨兵"，站在比较高的地方，站岗放哨。如果有什么风吹草动，"哨兵"们就会大声鸣叫，给同伴们发出警报，然后立刻起飞，其余鸿雁听到提醒，也会跟着飞起来。

保护小鸿雁

　　鸿雁的巢通常会建造在长满茂密植物的地方。鸿雁妈妈会独自将宝宝孵化出来，而鸿雁爸爸的任务就是一直在周围警戒。很有趣的是，假如有外来入侵者出现，鸿雁爸爸会假装受伤，将入侵者引到别的地方，真是聪明极了。

娇小的飞虫猎手——燕子

燕子每天都会消耗大量的时间在空中捕捉害虫，苍蝇、蚊子都是它爱吃的食物，也正是因为这样，燕子成为了人见人爱的益鸟。

小巧的飞行家

燕子背上的羽毛大多都是蓝黑色的，而且还很有光泽，它的翅膀又尖又长，尾巴像是一把叉开的剪刀。燕子虽然身材娇小，但是却非常善于飞行。

来回迁徙的"春天使者"

冬天，燕子会飞到南方过冬，第二年春天它们又会飞回来。燕子的迁徙主要和食物有关。它们以捕食小飞虫为生，但是北方的冬天，小飞虫都没了踪影，燕子没有食物了，就只能飞向南方寻找食物了。

燕子低飞要落雨

为什么下雨之前，燕子会飞得很低呢？原来，在下雨之前，空气中的湿气很重，把小飞虫的翅膀都打湿了，它们想飞却飞不高，只能低低地飞行，为了捕食它们，小燕子就只能也飞得很低啦！

大嘴巴的捕鱼能手——鹈鹕

鹈鹕长得非常特别，大大的嘴让它们显得有些"头重脚轻"，就连走路的时候似乎都有些摇摇晃晃。不过，这个大嘴巴可是鹈鹕捕鱼的重要工具。

秘密武器

如果你见到了鹈鹕，第一眼一定就会注意到它们的嘴，鹈鹕的嘴不仅宽大，而且很长，能达到 30 多厘米呢。另外，它们还长着一个能伸缩的秘密武器——喉囊。鹈鹕在捕鱼时，会张开大嘴，像一个渔网似的，将水和鱼都吞进去，然后闭上嘴巴，收缩喉囊把水挤出来，只将鲜美的鱼儿留在嘴里，享受美味。

组团来捕鱼

　　捕鱼的时候，秘密武器固然重要，但是团队合作也不能缺少。鹈鹕就经常相互配合，齐心协力捕鱼。它们会围成一圈，然后张开翅膀，将鱼群向中间驱赶，等鱼儿们都集中到了一个小区域，它们就会果断出击，完成一次完美的捕鱼行动。

爱惜羽毛

　　鹈鹕可爱美了，经常梳洗羽毛。它们的尾羽根部有个黄色的油脂腺，可以分泌很多油脂，鹈鹕总是用嘴巴在身上啄来啄去，把油脂涂抹在羽毛上。这样一来，它们就不用担心羽毛会被水打湿了。

华美的艺术家——孔雀

小朋友，你见过孔雀开屏吗？那画面真是好看极了。孔雀长着一身华丽的羽毛，就像一个艺术家，向大家展示自己的美。

看，我多漂亮！

只有雄孔雀能开屏，但雄孔雀并不是随时随地都会展开它壮观美丽的长尾巴，多数时候雄孔雀的尾巴是收拢在一起的，像晚礼服一样拖在身后。春天，是雄孔雀开屏最频繁的季节。它经常会展开那五彩缤纷、色彩艳丽的尾屏来炫耀自己的美丽，以此来吸引雌孔雀。

敌人，别过来！

为了保护自己，孔雀也会开屏。孔雀的大尾屏上，散布着许多圆形的斑纹，看起来像一只只眼睛。如果孔雀遇到敌人，它就会突然开屏，还会不断抖动尾屏发出"沙沙"的声响，尾巴上的"眼睛"也随之乱动起来。敌人会以为自己遇到了一个"多眼怪兽"，就被吓得逃走了。

不漂亮的雌孔雀

并不是所有孔雀都有漂亮的尾屏，雌孔雀就没有。雌孔雀的尾巴很短，羽毛的颜色也比较单调。相比雄孔雀，雌孔雀并不漂亮。

特立独行的交嘴雀

要说谁是鸟类家族中的怪脾气，那一定要数交嘴雀了，它不仅长得奇特，而且习性也与众不同，想知道它的特别之处吗？马上告诉你！

交叉的嘴

如果你见到了交嘴雀，一定会惊讶，因为它的嘴长得真是太奇怪了！其他鸟儿的嘴都能合在一起，可是，交嘴雀呢？它的嘴竟然是相互交叉的，这在动物界都非常罕见。

交叉的原因

交嘴雀的嘴长成这样是有原因的。原来呀，交嘴雀喜欢吃松子，但是松子的外壳坚硬极了，可是有了交叉的嘴，交嘴雀就能轻松地将松子壳嗑开，然后吃到好吃的松子啦！

爱冬天

冬天也许是交嘴雀最喜欢的季节了，它选择在这个寒冷的季节生育后代。对交嘴雀来说，冬天的松林里结满了它爱吃的松子，食物充足。另外，冬天，小动物的活动都减少，森林变得更安全了。因此，交嘴雀就大胆地将冬天定为繁殖的季节。

会唱歌的"乌鸦"——乌鸫鸟

　　瞧！前面有一只黑色的鸟，一定是乌鸦吧！小朋友，你可别看错了，这是一只乌鸫（dōng）鸟，虽然它看上去和乌鸦有些像，但两种鸟的不同之处其实很多，想知道如何分辨它们吗？马上告诉你秘诀！

我可不是乌鸦！

　　虽然乌鸫鸟和乌鸦的羽毛都是黑色的，但假如细心观察，你会发现这两种鸟之间的区别很大：乌鸫鸟的身材娇小，就跟鸽子差不多，相比之下，乌鸦可就粗壮多了。其次，乌鸫鸟的嘴是黄色的，而乌鸦的嘴却是黑色的。再仔细打量一下，你发现了吗？雄性乌鸫鸟的眼圈是黄色的。

不挑食

　　乌鸫鸟属于杂食性的鸟，无论是昆虫、蚯蚓，还是浆果和植物的种子，它都吃得津津有味。

动听的歌声

　　乌鸫鸟和乌鸦之间有一个最明显的不同——声音。乌鸦的叫声很难听，但乌鸫鸟不同。乌鸫鸟的歌声动听，充满变化，它还会模仿其他鸟儿的叫声呢。正因为这样，在欧洲，乌鸫鸟也有"百舌鸟"的称号！

凶猛的屠夫鸟——伯劳鸟

快看！前面有一只伯劳鸟，它的个头不大，看上去很不起眼，不过，可千万别被它的外表骗了，伯劳鸟可是大名鼎鼎的"屠夫鸟"呢。

武器

伯劳鸟的嘴就像鹰嘴一样，非常有力。它的脚非常强健，脚趾上还长着锋利的小钩，正是这些厉害的装备，让它成为了小个子的凶猛猎手。伯劳鸟常常站在高高的树顶上俯视地面的情况，随时准备开始猎食行动。

"雀中猛禽"

别看伯劳鸟的个头不大，它的性情却非常凶猛，而且脾气暴躁，昆虫、蛙、蜥蜴、小鸟和鼠类等都是它眼中的美味。而且，伯劳鸟还有一个很特别的习惯——捕食成功后，将猎物挂在树上，然后撕成小块吃掉。有时候，它也会用这种方式储存食物。

重视亲情

小伯劳鸟经过大约两个星期的孵化，就会出生了，12天之后，它们会离开巢独自生活。尽管孵化和喂食的时间很短，但是伯劳鸟和孩子之间的感情很深厚，如果有动物想要攻击它们的巢，伯劳鸟为了保护自己的孩子不受伤害，会拼命反击。

坏脾气的食火鸡

谁是世界上最危险的鸟？估计没有鸟敢和食火鸡抢这个称号，因为它实在是太厉害了。快来认识一下危险的食火鸡吧！

食火鸡的外形

食火鸡的头顶长着一个半扇形的角质盔，就像戴了一个又高又扁的帽子。它身上的羽毛都是又黑又亮的，但是头和脖子裸露的部分却是蓝色的，脖子前面还长着两个红色的大肉垂，看上去鲜艳极了。

为什么叫食火鸡

食火鸡之所以有这样一个特别的名字，和它独特的习性有关。食火鸡对发光的东西很好奇，如果看见炭火灰烬，就一定会上前啄弄一番，食火鸡的名字大概就由此而来。

暴躁的坏脾气

别看食火鸡看上去似乎没什么攻击性，但其实它的脾气坏透了，它非常凶猛暴躁。更可怕的是，食火鸡的爪子就像匕首一样锋利，经常能将猎物一击致命。食火鸡非常机警，只要感受到了威胁，就会立刻主动发起攻击，怪不得有人将食火鸡称为"世界上最危险的鸟类"呢。

臭臭的美丽鸟儿——戴胜鸟

有这么一种鸟儿，它的模样很好看，但是却奇臭无比，它就是戴胜鸟。想要知道戴胜鸟都有哪些秘密吗？快来一次看个够！

美丽的鸟儿会唱歌

戴胜鸟的嘴又细又长，它的翅膀和尾巴上都有黑白或棕白相间的斑纹。而最引人注目的就是戴胜鸟繁复的头饰，那是它的羽冠，就像是一把展开的小扇子，看上去漂亮极了。不仅如此，戴胜鸟的叫声也很动听，充满了节奏感，它的羽冠还会随着叫声抖动，就像在打节拍。

人类的好朋友

戴胜鸟是益鸟，它的食物大多数都是害虫。而且，不仅地面上的害虫是它的腹中美味，就连泥土中的蠕虫、蝼蛄也逃不过戴胜鸟的追击，戴胜鸟会将又细又长的嘴巴插进泥土里，捉住虫子。

谁是"臭姑鸪"？

美丽的戴胜鸟还有一个名字，叫作"臭姑鸪"。这是因为戴胜鸟可以分泌一种黑褐色的液体，这种液体油乎乎的，非常臭。这可是戴胜鸟抵御外敌的法宝，敌人闻到这股恶臭，都会赶紧逃走，戴胜鸟就靠这个绝招保护自己。

擅长"纺织"的织布鸟

什么？鸟还会纺织？没错，有一种鸟儿就可以用树叶和草作为材料，来编织精巧的鸟巢，它的名字叫作"织布鸟"。

会变化的羽毛

平常的时候，雄性织布鸟和雌性织布鸟都是暗褐色的羽毛，不过，到了繁殖季节，雄性织布鸟头顶和胸部的羽毛会变成黄色，看上去鲜艳极了，这都是为了吸引"心上人"的注意力。

优秀的纺织工

织布鸟可以说是鸟类中最优秀的纺织工，它能用草和其他植物织出一个复杂的窝。织布鸟的巢高高地挂在树枝上，像一个空中摇篮。这个小窝其实是织布鸟的"婚房"，雄鸟是"婚房"的建设者，雌鸟则是"监工"，只有精巧细致的"婚房"才能赢得雌鸟的赞许。

开始"织"巢了

　　雄织布鸟开始织巢了，它首先会选好安家的树枝，然后衔来硬草秆紧紧地编在树枝上做骨架，再用灵活的嘴和爪一根一根从上到下地来回编织，穿网打结，一直织成一个空心的圆巢。它还会编一个长长的通道直通巢室，并在巢室里装一些泥团，以增加巢的重量，避免被大风吹掉。

鳄鱼的牙签——燕千鸟

你一定想不到，凶狠可怕的鳄鱼也会有好朋友。谁肯跟它交朋友呢？这种勇敢的鸟儿名字叫作燕千鸟。

鳄鱼的警卫员

燕千鸟不仅是鳄鱼的"保健师"，也是鳄鱼的"警卫员"。它格外警惕，一旦发现敌情，就会惊叫着向鳄鱼报警，鳄鱼收到信号后，就会提前做好迎战准备。

我也叫牙签鸟

燕千鸟的个头小小的，嘴巴又细又长，经常飞到鳄鱼的嘴里，帮它清理牙缝中的食物残渣，而鳄鱼也会配合着张大嘴巴，不会伤害燕千鸟。瞧，燕千鸟多像是鳄鱼的牙签呀，正因为这样，它还有一个名字，叫作"牙签鸟"。